# 아침 기도 저녁 기도

ⓒ 서영필, 2008

이 도서의 국립중앙도서관 출판시도서목록(CIP)은 서지정보유통지원시스템 홈페이지
(http://seoji.nl.go.kr)와 국가자료공동목록시스템(http://www.nl.go.kr/kolisnet)에
서 이용하실 수 있습니다. (CIP제어번호 : CIP2008001982)

> 이 책은 저작권법의 보호를 받으므로 무단전재와 무단복제를 금합니다.
> 이 책 내용의 전부 또는 일부를 재사용하려면 반드시 저작권자와 성바오로출판사의
> 동의를 얻어야 합니다.

# 아침 기도 저녁 기도

글과 사진 | 서영필 신부

성바오로

## 인사말

　간밤의 피로가 가시기도 전인 이른 아침, 일어나자마자 정신없이 여러 가지 일을 합니다. 그러다 보면 삶을 주신 하느님께 드려야 할 감사의 기도도, 오늘 하루를 이끌어 주시고 보살펴 달라는 청원의 기도도 한편으로 밀려나고 맙니다.

　저녁 시간도 마찬가지입니다. 엉켰던 하루를 제자리로 돌려놓는 시간, 그때도 정작 하루를 정리하기보다 밀린 일들에 숨이 막힙니다. 결국 쏟아지는 피곤에 한마디 감사 인사도 주님께 드리지 못한 채 바쁘게 잠을 청합니다.

　지금껏 아침 기도, 저녁 기도라 하면 으레 「가톨릭 기도서」를 떠올렸습니다. 물론 정형화된 기도문들도 분명 유익하고 필요합니다. 하지만 일상과 동떨어진, 자칫 반복적인 기도가 될 가능성 또한 있습니다. 때문에 다양한 하루를, 삶을 가지고 사랑이신 주님과 좀 더 가까이 대화할 수 있는 기도가 있다면, 우리의 기도 생활이 한층 풍요로워지지 않을까요?

  이 책은 바로 그러한 바람을 안고 태어났습니다. 기도하기 힘든 이들, 바쁘다는 이유로 기도를 미루는 이들이 이 책을 통해 하느님께 더욱 진실한 마음으로 다가가는 계기를 마련하기를 바랍니다. 기도는 하느님과 우리가 함께 나누는 사랑입니다.

2008년 초여름 성바오로수도원에서
서영필 안젤로 신부

| 차례

## 아침 기도

아침 기도 하나 _ 10
아침 기도 둘 _ 14
아침 기도 셋 _ 18
아침 기도 넷 _ 22
아침 기도 다섯 _ 26
아침 기도 여섯 _ 30
아침 기도 일곱 _ 34

## 🌸 저녁 기도

저녁 기도 **하나** _ 40
저녁 기도 **둘** _ 44
저녁 기도 **셋** _ 48
저녁 기도 **넷** _ 52
저녁 기도 **다섯** _ 56
저녁 기도 **여섯** _ 60
저녁 기도 **일곱** _ 64

# 아침 기도

## 아침 기도 _ 하나

+ 성부와 성자와 성령의 이름으로. 아멘.

아버지, 아버지께서 저에게 주신 이들도 제가 있는 곳에
저와 함께 있게 되기를 바랍니다. 세상 창조 이전부터
아버지께서 저를 사랑하시어 저에게 주신 영광을 그들도
보게 되기를 바랍니다. 저는 그들에게 아버지의 이름을
알려 주었고 앞으로도 알려 주겠습니다.
아버지께서 저를 사랑하신 그 사랑이 그들 안에 있고
저도 그들 안에 있게 하려는 것입니다.

- 요한 17,24.26

사랑이신 주님, 오늘 아침 기도할 수 있도록 저를 일깨워 주심에 감사드립니다. 하루를 시작하는 분주한 아침, 시간에 쫓겨 의도하진 않았지만 하루를 당신께 맡기고 당신께서 저의 하루를 손수 이끌어 주시기를 청하지 못한 때도 많았습니다. 하지만 오늘은 진정으로 지금 이 시간을 주님께 봉헌하며 고백합니다.

주님, 당신을 사랑합니다.

주님, 당신은 제 삶에 꼭 계셔야 할 분입니다.

오늘 저의 하루를 당신께 맡겨 드리오니 저를 이끌어 주십시오. 당신과 함께 하루를 보낼 수 있는 즐거움을 제게 허락해 주십시오.

사랑이신 주님, 제 마음에 당신의 평화가 찾아들게 해

주십시오. 제가 겪고 있는 모든 어려움과 저를 지치게 하는 모든 걱정들을 언제나 저와 함께하겠다고 약속하신 당신 말씀에 대한 믿음으로 이겨 낼 수 있도록 도와주소서. 당신께서 주시는 평화가 제 안에 머무를 수 있도록 제 마음을 깨끗이 씻어 주시고 저의 가난한 의탁의 기도가 당신께 기쁨이 되게 하소서.

사랑이신 주님, 저는 제대로 기도할 줄 모릅니다. 어떻게 기도해야 하는지 가르쳐 주십시오. 그리하여 제 말들이 마음에서 우러나오는 진솔한 기도가 되게 해주소서.

주님, 또한 어떻게 하면 당신 말씀에 귀를 기울일 수 있는지도 가르쳐 주십시오. 그리하여 저의 마음과 정신이 당신의 목소리를 알아듣고 당신의 뜻을 깨달을 수 있도록 도와주십시오.

이 모든 기도 우리 주 예수 그리스도를 통하여 비나이다. 아멘.

(잠시 침묵의 시간을 가집니다. 주님께서 내 마음에 말씀을 하려 하십니다. 그분의 말씀에 귀 기울여 봅시다.)

주님의 기도, 성모송, 영광송을 천천히 뜻을 되새기며 바친다.

+ 성부와 성자와 성령의 이름으로. 아멘.

## 아침 기도 _ 둘

+ 성부와 성자와 성령의 이름으로. 아멘.

나의 주님, 저는 온전히 전능하신 당신 사랑의 작품입니다.
삼위일체이신 나의 하느님, 당신을 흠숭합니다.
당신 안에 있는 행복과 당신의 영원한 영광을 위해
저를 지으셨으니 당신께 감사드립니다.
당신의 전능하심으로 저를 구원하소서.

- 「바오로가족 기도서」에서

사랑이신 주님, 새날의 밝은 빛을 주심에 진심으로 감사드립니다.

주님, 이 아침을 희망으로 시작할 수 있도록 깨워 주셔서 감사합니다.

주님, 당신 사랑의 빛 안에서 오늘을 시작하고 당신의 사랑받는 자녀임을 마음에 새기며 기쁘게 오늘을 살 수 있도록 저를 도와주소서.

사랑이신 주님, 당신께서 제게 허락해 주신 오늘 하루, 무슨 일이 제 앞에 놓여 있는지 알지 못하지만 당신께서 허락하지 않으신 일은 일어나지 않으리라는 것을 믿고 깨달아 용감하게 마주할 수 있도록 저를 도와주소서.

주님, 오늘 제가 하고자 하는 모든 일과 제가 만날 모든 사람들도 축복해 주소서.

　사랑이신 주님, 저의 모든 생각과 말과 행동을 당신께 봉헌합니다.
　주님, 제게 용기를 주시고 저를 이끌어 주시어 오늘 제가 행해야 할 모든 일들에 최선을 다할 수 있도록 도와주소서.
　주님, 오늘 저의 모든 일들이 당신께 영광과 찬미를 드리는 참된 봉헌이 될 수 있도록 도와주소서.
　주님, 오늘 저의 한 걸음 한 걸음이 이 세상에 당신의 축복을 전하는 발걸음이 되도록 저를 이끌어 주소서.

　이 모든 기도 우리 주 예수 그리스도를 통하여 비나이다. 아멘.

(잠시 침묵의 시간을 가집니다. 주님께서 내 마음에 말씀을 하려 하십니다. 그분의 말씀에 귀 기울여 봅시다.)

주님의 기도, 성모송, 영광송을 천천히 뜻을 되새기며 바친다.

+ 성부와 성자와 성령의 이름으로. 아멘.

## 아침 기도 _ 셋

+ 성부와 성자와 성령의 이름으로. 아멘.

스승 예수님,
당신 지혜의 풍부하심을 저희에게 보이시며,
성부를 알게 하시고,
당신의 참된 제자가 되게 하시며,
믿음을 더욱 굳게 하시어
하늘나라에서 당신을 영원히 뵙게 하소서.

― 「바오로가족 기도서」에서

주 예수님, 가뿐한 몸과 마음으로 오늘 하루를 시작하게 해주셔서 감사합니다. 바쁘게 움직이는 매일의 일과 중에서도 당신께 시간을 드릴 수 있도록 틈틈이 저를 불러 세워 주십시오. 당신께서 제 곁에 항상 함께하심을 느낄 수 있도록, 또한 매 순간 제게 다가오는 일상의 작은 축복들을 느끼며 감사드릴 수 있도록 틈틈이 저를 불러 세워 주십시오.

주 예수님, 특별할 것이 없는 오늘이라 하더라도 예쁘게 피어 있는 꽃들에서, 마음을 씻어 주는 바람에서, 해맑고 깨끗한 아이들의 웃음에서, 사랑하는 사람의 친절한 보살핌에서, 용기와 위로를 전하는 친구들의 말에서, 좋은 책들의 행간을 넘어오는 영감에서, 일상의 자잘한

경탄에서 당신의 모습을 볼 수 있도록 틈틈이 저를 불러 세워 주십시오.

 주 예수님, 당신 사랑의 손길을 먼저 거치지 않은 그 어떠한 것도 제게 다가오지 않는다는 것을 기억하도록 도와주십시오. 당신과 함께한 평화로운 시간들을 통해 얻은 기쁨을 일상에서 벌어지는 일들로 인해 잃어버리지 않도록 저를 지켜 주십시오.
 저 자신과, 제가 살고 있는 이 세상과, 사랑이신 당신과 오늘 하루도 평화 가운데 머무를 수 있도록 도와주십시오.

 이 모든 기도 우리 주 예수 그리스도를 통하여 비나이다. 아멘.

(잠시 침묵의 시간을 가집니다. 주님께서 내 마음에 말씀을 하려 하십니다. 그분의 말씀에 귀 기울여 봅시다.)

주님의 기도, 성모송, 영광송을 천천히 뜻을 되새기며 바친다.

+ 성부와 성자와 성령의 이름으로. 아멘.

## 아침 기도 _ 넷

+ 성부와 성자와 성령의 이름으로. 아멘.

저희 안에 사시는 예수님,
성령을 부어 주시어
저희가 생각을 다하고, 힘을 다하고,
마음을 다하여 당신을 사랑하며
당신 사랑을 위하여 이웃을 제 몸과 같이 사랑하게 하소서.

— 「바오로가족 기도서」에서

사랑이신 주님, 하루를 시작하는 이 시간, 제게 가족을 주신 당신께 감사를 드립니다. 저희 가족이 함께 나눈 사랑과 기쁨을 기억하며 당신께 감사를 드립니다. 또한 저희 가족이 함께 겪었던 어려움들을 되새기며 감사를 드립니다. 이 어려움들을 통하여 저희 가족은 사랑을 성장시켰으며 서로 신뢰하고 서로에게 위로가 될 수 있었습니다.

오늘 아침 저의 개인적 서약을 주님, 당신께 봉헌합니다. 주님께서 저희 모두를 사랑하시는 것처럼 저 또한 제 가족을 항상 사랑하겠습니다.

사랑이신 주님, 저와 함께하고 있는 동료들의 가족과 저의 친척들, 이웃의 가족, 이 세상의 모든 가족을 위해서도 당신께 기도드립니다. 그리고 죄와 불충실, 이기심으로 인해 사랑과 평화, 기쁨 없이 살아가는 가족들을 위해서도 당신께 도움을 청합니다.

주님, 저희에게 사랑할 수 있는 용기, 평화를 살 수 있는 인내를 주시고, 저희가 서로의 기쁨을 배려하는 희생이 무엇인지 깨닫게 해주시며, 지금까지 주고받았던 상처들을 서로 보듬어 안아 서로의 상처를 치유할 수 있도록 저희를 도와주십시오.

사랑이신 주님, 저희 가족의 생활에서 사랑이 모든 것의 중심이 되도록 하시고 저희들이 함께 나누는 사랑이 지난날의 모든 상처들을 치유하는 힘이 되게 해주십시오. 그리하여 저희 가정에 당신께서 주시는 기쁨이 항상 풍요롭게 하시고 당신께서 저희 가정의 주인이 되어 주십시오.

이 모든 기도 우리 주 예수 그리스도를 통하여 비나이다. 아멘.

(잠시 침묵의 시간을 가집니다. 주님께서 내 마음에 말씀을 하려 하십니다. 그분의 말씀에 귀 기울여 봅시다.)

주님의 기도, 성모송, 영광송을 천천히 뜻을 되새기며 바친다.

+ 성부와 성자와 성령의 이름으로. 아멘.

## 아침 기도 _ 다섯

+ 성부와 성자와 성령의 이름으로. 아멘.

인류의 영원한 목자이신 예수님, 당신을 흠숭합니다.
저희는 빵으로만 사는 것이 아니라
당신의 진리와 사랑의 가르침으로 살아갑니다.
양들은 당신의 음성을 알아듣고 사랑으로 따릅니다.
오류와 무지의 어둠 속에
목자 없는 양들처럼 헤매는 사람들에게
자비를 베푸시어 당신 진리에로 이끌어 주소서.

— 「바오로가족 기도서」에서

주 예수님, 이 아름다운 아침을 저와 함께 시작해 주셔서 감사드립니다.

주 예수님, 제가 오늘도 새로운 하루를 기대와 설렘으로 시작할 수 있도록 해주시어 감사드립니다. 당신께 찬미의 노래를 봉헌하며 오늘을 시작합니다.

주 예수님, 하루를 비추는 태양빛 아래서 당신의 참된 빛을 볼 수 있도록 저를 이끌어 주십시오. 당신의 참빛이 제 마음의 빛을 밝혀 주시어 오늘 하루 당신의 뜻을 충실히 따를 수 있도록 도와주소서. 당신의 빛을 통하여 이웃들의 작은 몸짓 안에 당신께서 계심을 볼 수 있도록 도와주소서.

주 예수님, 지금 제가 당신께 편안하고 쉬운 하루를 달라고 청하는 것은 아닙니다. 저를 거슬러 일어날 수 있는 모든 악의들을 이겨 낼 수 있는 힘과, 중심을 잃고 실망하여 당신이 아닌 다른 곳에서 위로를 찾아 헤매지 않도록 당신 사랑의 이끄심을 청합니다.

당신의 참된 빛으로 제 마음을 비추어 주시어 저의 친구들, 형제자매들 그리고 오늘 하루 동안 제가 만나게 될 모든 사람들에게 당신의 참된 빛을 반사할 수 있도록 저를 이끄시고 도와주소서.

이 모든 기도 우리 주 예수 그리스도를 통하여 비나이다. 아멘.

(잠시 침묵의 시간을 가집니다. 주님께서 내 마음에 말씀을 하

려 하십니다. 그분의 말씀에 귀 기울여 봅시다.)

주님의 기도, 성모송, 영광송을 천천히 뜻을 되새기며 바친다.

+ 성부와 성자와 성령의 이름으로. 아멘.

## 아침 기도 _ 여섯

✚ 성부와 성자와 성령의 이름으로. 아멘.

항상 교회 안에서 교회와 함께 계시는 천상 스승님,
찬미를 받으소서.
당신을 따르는 사람은 하늘을 향해 걷나이다.
당신과 멀어질 때에 그들은 교회와 당신의 말씀,
당신 아버지의 말씀을 듣지 않고 흩어져 버릴 것입니다.
자녀들을 위한 어머니이신 교회의 말씀은 찬미를 받으소서.
방탕한 모든 자녀가 다시 아버지와 당신 어머니께로
돌아오게 하소서.

- 「바오로가족 기도서」에서

사랑이신 주님, 매일 아침을 당신 말씀으로 시작할 수 있도록 저를 깨우쳐 주십시오. 당신께서는 "너희는 나 없이 아무것도 하지 못한다"고 말씀하셨습니다. 또한 "청하여라, 너희에게 주실 것이다"라고도 저희에게 말씀하셨습니다. 당신 말씀을 굳게 믿으며 제 아침 기도를 봉헌합니다.

사랑이신 주님, 당신 은총으로 저를 비추시어 오늘 하루 제가 필요로 하는 것들을 채워 주시고, 모든 악행을 거부할 수 있는 힘을 주시며, 당신께서 기뻐하시는 일을 행할 수 있는 용기를 주소서. 그리하여 제 이웃이 저의 행동과 말에서 당신의 능력을 보고 깨달아 당신께 믿음을 고백할 수 있는 은총을 베풀어 주소서.

사랑이신 주님, 당신께서 허락하지 않으신 일은 오늘 제게 일어나지 않는다는 것을 알고 있습니다. 오늘 하루 제게 다가올 모든 어려움을 당신의 말씀과 기도로 헤쳐 나갈 수 있도록 도와주십시오.

무엇보다도 당신을 어떻게 사랑해야 하는지, 어떻게 하면 당신 사랑 안에서 제가 살아갈 수 있는지 당신 말씀으로 저를 깨우쳐 주십시오.

제 삶을 언제나 새롭게 할 수 있는 은총을 허락하시고, 제가 당신의 뜻을 알고 행할 수 있도록 당신께서 제게 순간순간 들려주시는 말씀에 언제나 깨어 있게 도와주소서.

이 모든 기도 우리 주 예수 그리스도를 통하여 비나이다. 아멘.

(잠시 침묵의 시간을 가집니다. 주님께서 내 마음에 말씀을 하려 하십니다. 그분의 말씀에 귀 기울여 봅시다.)

주님의 기도, 성모송, 영광송을 천천히 뜻을 되새기며 바친다.

+ 성부와 성자와 성령의 이름으로. 아멘.

## 아침 기도 _ 일곱

+ 성부와 성자와 성령의 이름으로. 아멘.

우리를 하느님과 닮게 하시려고
인간이 되어 주신 천상 스승님, 찬미 받으소서.
만일 저희가 지상에서 당신처럼 살아간다면,
하늘나라의 행복을 상속받을 수 있다는 것을
저희에게 보여 주셨나이다.
주님, 당신을 알고 본받고 사랑하게 해주소서.

― 「바오로가족 기도서」에서

사랑이신 주님, 새로운 오늘 하루가 제 앞에 있습니다. 오늘도 저와 함께하시며 당신을 향한 제 사랑을 새롭게 해주시기를 겸손하게 청합니다. 주님께서는 변하지 않는 사랑으로 제게 늘 온유하셨고 인내로우셨으며 저를 적극 지지해 주셨습니다. 이와 같이 크신 당신 사랑을 통하여 저 또한 제 친구들과 형제자매들을 사랑하게 하소서.

사랑이신 주님, 실망에서 빠져나오지 못하는 사람들에게 제가 위로가 될 수 있도록 도와주소서. 그들의 괴로움과 한계, 무거운 삶의 짐을 함께 나누어 질 수 있도록 저를 도와주소서. 상처를 입히고 관계를 파괴하는 말들과 행동들을 제가 하지 않도록 저를 지켜 주시어 인류를 향한 당신의 사랑을 증언하게 도와주소서.

사랑이신 주님, 다른 사람들에 관해 경솔하게 판단하거나 심판하지 않도록 저를 지켜 주소서. 저희 모두는 서로 다르다는 것을 알게 하소서. 성장 배경, 가족, 가치에 대한 평가 방식이나 문화적 여건, 그리고 무엇보다 특히 당신께서는 저희 각자를 다른 방식으로 대하신다는 것을 깨달아 알게 하소서.

　저 자신을 포함하여 모든 사람들의 인격을 존중할 수 있는 은혜를 제게 허락하소서. 저희 모두는 당신 성령께서 머무시는 사랑의 성전임을 깨닫게 하소서.

　이 모든 기도 우리 주 예수 그리스도를 통하여 비나이다. 아멘.

(잠시 침묵의 시간을 가집니다. 주님께서 내 마음에 말씀을 하

려 하십니다. 그분의 말씀에 귀 기울여 봅시다.)

주님의 기도, 성모송, 영광송을 천천히 뜻을 되새기며 바친다.

+ 성부와 성자와 성령의 이름으로. 아멘.

# 저녁 기도

## 저녁 기도 _ 하나

+ 성부와 성자와 성령의 이름으로. 아멘.

삼위일체 하느님이신 성부 성자 성령께서는,
찬미를 받으소서.
당신은 늘 죄를 짓고 방황하는 인류 곁에 계시면서
길을 제시하시고 희망을 심어 주셨나이다.
또한 당신은 모세를 통하여 율법을 주시고,
구세주 그리스도를 통하여 진리와 은총을 주셨나이다.

- 「바오로가족 기도서」에서

사랑이신 주님, 하루해가 지고 평화로운 저녁입니다. 오늘은 다른 날들보다 조금은 더 힘들고 긴 하루였습니다. 저를 화나게 하는 일도 많았고 짜증나게 하는 일도 많았습니다. 하지만 저와 함께하시는 당신을 느끼고 당신의 보살피심에 깨어 있으려 노력했으며, 쉽지는 않았지만 당신과 함께 모든 일들을 하고자 했습니다. 제 주위의 모든 사물들이 밤의 어둠 속으로 빠져드는 이 시간 당신 앞에, 당신 눈길 아래 저의 지친 일상을 모두 안고 왔습니다.

사랑이신 주님, 이 시간 제게 당신 성령을 보내 주소서. 그리하여 맑은 정신으로 당신과 함께 이 시간을 보낼 수 있게 하소서. 오늘 제게 일어났던 화와 짜증을 당신께 봉헌하오니, 제 마음과 몸과 영혼에 당신께서 주시는 참평화가 깃들게 하소서.

엄마 품에 고요히 안겨 있는 아이처럼 제 마음 또한 주님, 당신 품에 고요히 안아 주소서.

아빠의 든든한 가슴에 안겨 있는 아이처럼 제 마음 또한 주님, 모든 두려움과 걱정들을 벗어 버리게 하소서.

사랑이신 주님, 오늘 밤 성령께서 제 안에 오시어 저를 당신의 평화와 사랑 안에 편히 쉬게 하소서. 오늘은 제가 당신 자녀다운 모습으로 이 세상에서 당신을 제대로 증언하지 못했지만, 내일은 화와 짜증을 잘 다스려 이 세상에서 당신을 고백하고 증언할 수 있도록 이 밤 당신 품에서 당신 성령의 선물인 온유함을 제 안에 가득 채워 주소서. 주님, 저와 저희 모든 가족들에게도 이 밤 당신의 축복을 허락하소서.

 이 모든 기도 우리 주 예수 그리스도를 통하여 비나이다. 아멘.

(잠시 침묵의 시간을 가집니다. 주님께서 내 마음에 말씀을 하려 하십니다. 그분의 말씀에 귀 기울여 봅시다.)

주님의 기도, 성모송, 영광송을 천천히 뜻을 되새기며 바친다.

+ 성부와 성자와 성령의 이름으로. 아멘.

## 저녁 기도 _ 둘

+ 성부와 성자와 성령의 이름으로. 아멘.

천상 스승님, 찬미를 받으소서.
믿는 사람들이 자신의 신앙을 고백하고 키우며 살게 하소서.
믿음 없이는 하느님을 기쁘게 해드릴 수가 없고 구원될 수도 없나이다. 믿음은 하느님의 선물입니다.

- 「바오로가족 기도서」에서

사랑이신 아버지 하느님, 저는 오늘도 열심히 일했습니다. 그래서 조금은 피곤합니다만 기쁜 하루였습니다. 제게 기쁨을 주셔서 주님, 진심으로 감사합니다.

사랑이신 주님, 저와 제 이웃들의 유익을 위해 당신께서 제게 주신 선물들을 사용할 수 있는 기회를 주셔서 감사합니다. 저희들은 서로의 선물을 나누며 주님 축복의 풍요로움을 체험할 수 있었습니다. 오늘 저와 제 동료들이 열심히 일할 수 있도록 도와주셔서 감사합니다. 제가 오늘 한 일들을 되돌아보며 뿌듯한 마음을 가질 수 있게 해주셔서 감사합니다.

하지만 사랑이신 주님, 오늘도 어김없이 당신 마음을 상하게 하기도 했습니다. 이기심, 자만심, 오만함 등에 저를 내맡겼습니다. 성내기도 했고 참을성도 부족했습니다. 제 나쁜 성격으로 인해 동료들의 마음에 저도 모르게 상처를 입혔습니다. 뿐만 아니라 제 주변 사람들의 비난, 거짓말, 정직하지 못한 태도들이 오늘도 제 마음을 힘들게 했고 걸려 넘어져 아파했습니다. 저의 부족함 때문에 느끼는 아픔이지만 당신 사랑의 입김으로 제 아픔을 가시게 해주십시오. 주님, 당신을 아프게 해드려 죄송합니다. 용서해 주십시오.

　이 저녁 시간, 사랑이신 아버지 하느님께 기도드립니다. 걱정과 근심, 긴장과 불안으로 지쳐 있는 제 마음을 당신 앞에 내려놓고 당신께서 깨끗하게 해주시기를 청합니다.
　사랑이신 아버지 하느님, 하루를 마감하는 이 시간, 당신 사랑 안에 머물 수 있도록 제 의식과 무의식을 살피시어 당신 평화로 채워 주소서. 당신은 언제나 저의 위로시며 힘이십니다. 이 밤도 주님 사랑 안에 저와 제 가족들이 편히 잠들게 도와주소서.

 이 모든 기도 우리 주 예수 그리스도를 통하여 비나이다. 아멘.

(잠시 침묵의 시간을 가집니다. 주님께서 내 마음에 말씀을 하려 하십니다. 그분의 말씀에 귀 기울여 봅시다.)

주님의 기도, 성모송, 영광송을 천천히 뜻을 되새기며 바친다.

+ 성부와 성자와 성령의 이름으로. 아멘.

## 저녁 기도 _ 셋

+ 성부와 성자와 성령의 이름으로. 아멘.

인자하신 예수님, 괴로우셨던 당신 수난과
제게 베푸시는 당신의 사랑을 믿고 청하오니,
저의 많은 죄로 말미암아 현세에서나 후세에서나
마땅히 받아야 할 벌을 용서해 주소서.
주님, 저에게 보속의 정신과 섬세한 양심을 주시고,
알면서 범하는 모든 소죄까지도 미워하게 하소서.

- 「바오로가족 기도서」에서

사랑이신 아버지 하느님, 편안한 잠자리를 준비하며 오늘 하루도 저와 함께해 주신 당신께 감사와 사랑의 기도를 봉헌합니다.

제가 잠을 자는 동안에도 당신의 사랑스러운 보살핌과 보호를 청합니다. 또한 제 가족들과 제가 사랑하는 모든 사람들도 주님께서 살펴 주시기를 청합니다.

(잠시 침묵 가운데 머문 뒤, 주님의 보호를 청하는 사람들의 이름을 기억한다.)

사랑이신 아버지 하느님, 저희들 중 그 누구도 걱정이나 뉘우치지 못한 죄 때문에 힘들어하며 잠을 설치는 이들이 없게 해주소서. 당신께서는 저희들 한 사람 한 사람을 너무도 잘 알고 계십니다.

 저희들을 나무라지 않으시고, 오히려 은총을 주시어 깨끗한 마음으로 내일 다시 만나 당신의 영광을 위해 함께 평화롭게 일할 수 있도록 저희를 준비시켜 주시는 주님, 감사와 찬미를 드립니다.

 사랑이신 아버지 하느님, 제대로 사랑하지 못해서, 불신 때문에, 이기심과 교만과 자만으로 인해 무심코 서로 주고받은 저희들의 상처들을 당신 사랑의 손길로 치유해 주소서. 또한 저희들의 정신과 마음을 깨끗하게 하시고 차분하게 하시어 오늘 밤 서로 용서하고 용서받을 수 있도록 해주소서. 그리하여 내일도 당신의 평화를 서로 나누고 당신 나라를 이 땅 위에서 힘차게 건설할 수 있도록 도와주십시오.

이 모든 기도 우리 주 예수 그리스도를 통하여 비나이다. 아멘.

(잠시 침묵의 시간을 가집니다. 주님께서 내 마음에 말씀을 하려 하십니다. 그분의 말씀에 귀 기울여 봅시다.)

주님의 기도, 성모송, 영광송을 천천히 뜻을 되새기며 바친다.

+ 성부와 성자와 성령의 이름으로. 아멘.

## 저녁 기도 _ 넷

+ 성부와 성자와 성령의 이름으로. 아멘.

영광의 임금이신 주 예수 그리스도님,
마리아와 모든 성인의 전구로 죽은 신자들의 영혼을
연옥의 고통에서 해방시켜 주소서.
하늘나라 군대의 우두머리이신 성 미카엘 대천사의 전구로,
그들의 영혼을 주님께서 아브라함과 그 후손들에게 약속하신
거룩한 빛으로 인도하소서.
주님, 제가 그들을 위해 당신께 바치는
찬미의 기도와 희생을 받아들이시어
그들을 영원한 기쁨으로 인도하소서.

— 「바오로가족 기도서」에서

사랑이신 주님, 하루의 끝자락인 지금 당신 앞에 와서 제게 생명을 선물로 주셨음에 감사를 드립니다.

당신의 말씀과 제 가족과 친구들을 통해 당신 곁으로 저를 초대해 주시는 주님, 감사합니다. 일상의 사건 속에서, 오늘 제게 보내 주신 사람들 안에서 당신을 만나 뵐 수 있는 기회와 은총을 주심에 주님, 감사드립니다.

사랑이신 주님, 제가 오늘 이루어 낸 일들에 대해, 그리고 저 자신의 이기심과 싸워 이길 수 있는 능력을 주심에 감사합니다. 어둠이 몰려오는 이 시간에 제가 당신께 드릴 수 있는 최고의 선물은 당신께서 기뻐하시기를 바라며 보낸 저의 사랑의 시간들입니다. 주님, 저의 작은 선물을 기쁨으로 받아 주십시오.

사랑이신 주님, 내일 제게 무슨 일이 일어날지 저는 알지 못합니다. 다만 당신께서 저를 위해 준비해 주신 일들이 저를 기다리고 있음을 확신합니다. 혹 제 마음에 들지 않는 일들이나 제가 이겨 내기 힘든 어려움이 저를 기다리고 있다 하더라도, 당신 안에서 생명의 풍요로움을 즐길 수 있는 믿음과 희망을 마음에 되새기며, 이 밤 당신 품에서 편히 쉬게 하소서. 주님, 당신의 뜻을 살피고 당신 현존을 느끼며, 당신의 끝없는 사랑을 항상 깨어 기억하는 당신의 자녀가 되도록 저를 지켜 주시고 이끌어 주소서.

이 모든 기도 우리 주 예수 그리스도를 통하여 비나이다. 아멘.

(잠시 침묵의 시간을 가집니다. 주님께서 내 마음에 말씀을 하

려 하십니다. 그분의 말씀에 귀 기울여 봅시다.)

주님의 기도, 성모송, 영광송을 천천히 뜻을 되새기며 바친다.

+ 성부와 성자와 성령의 이름으로. 아멘.

## 저녁 기도 _ 다섯

+ 성부와 성자와 성령의 이름으로. 아멘.

당신 진리의 말씀을 제게 들려주신 천상 스승님,
찬미를 받으소서.
말씀은 저를 비춰 주셨고, 뉘우치는 마음을
일으켜 주셨으며, 신뢰와 사랑을 불어넣어 주셨습니다.
온 세상에 당신 말씀이 널리 퍼지게 하소서.

- 「바오로가족 기도서」에서

사랑이신 주님, 오늘 하루를 마감하는 끝자락에 서서 당신의 축복을 청합니다.

제 육신을 축복하시어 편안한 휴식을 취하게 하시고 제 마음을 축복하시어 평화를 누리게 하소서. 제가 잠을 자는 동안에도 당신 말씀의 씨앗이 제 안에서 성장하게 하소서. 저뿐 아니라 제 가족과 세상의 모든 사람들 안에서도 당신 말씀의 씨앗이 성장해, 매일의 삶이 더 나은 하루가 될 수 있도록 올바르게 주님과 세상에 봉사하게 하소서.

사랑이신 주님, 제 앞에 있는 내일과 미래를 마주하며 기도합니다. 악의 유혹에서 저를 구하시고 제 안에 있는 악의 영향들을 깨끗이 없애 주시며, 약하여 쓰러지려 할 때에도 꿋꿋이 일어설 힘을 주소서. 또한 주님, 제가 져야 할 매일의 십자가가 저를 더 강하게 만드시기 위한 당신의 뜻임을 깨달아, 당신께 더욱 가까이 나아갈 수 있는 기회로 삼게 하소서.

사랑이신 주님, 제가 미처 떨치지 못한 상처들을 치유해 주시고 당신께서 제게 베풀어 주신 은사들 중에서 더욱더 키워야 할 것이 있다면 더 노력하게 하소서. 그리고 제가 태어나는 그 순간부터 이미 당신께서 마련해 놓으신 계획을 꽃피우기 위해 제가 충만하게 삶을 살 수 있도록 도와주소서.

사랑이신 주님, 제가 행하고 생각하고 느끼고 결정하는 모든 순간들을 이끌어 주시어 제 뜻이 아니라 주님 당신의 뜻이 이루어지게 하소서. 주님, 남에게 상처를 주거나 굴욕

감을 느끼게 하지 않도록 제 말과 행동들을 지켜 주소서. 주님, 제게 형제자매들과 이웃을 사랑할 수 있는 은총을 주시어 당신 사랑을 세상에 증언할 수 있도록 도와주소서.

이 모든 기도 우리 주 예수 그리스도를 통하여 비나이다. 아멘.

(잠시 침묵의 시간을 가집니다. 주님께서 내 마음에 말씀을 하려 하십니다. 그분의 말씀에 귀 기울여 봅시다.)

주님의 기도, 성모송, 영광송을 천천히 뜻을 되새기며 바친다.

+ 성부와 성자와 성령의 이름으로. 아멘.

## 저녁 기도 _ 여섯

+ 성부와 성자와 성령의 이름으로. 아멘.

천상 스승님, 당신을 흠숭하고 감사드리나이다.
당신을 제가 거쳐 가야 할 길이요, 믿어야 할 진리,
열망해야 할 생명으로 받드나이다.
당신은 저의 모든 것이오니, 지성과 의지와 마음을 다하여
당신 안에 머물고자 하나이다.

- 「바오로가족 기도서」에서

사랑이신 주님, 당신께서 사랑하시고 보살펴 주시는 [본인의 이름이나 세례명]가(이) 왔습니다. 당신 앞에 잠시라도 머무르기 위해 오늘의 끝자락에 제가 왔습니다. 지금 이 시간, 이 자리에서 당신께 제 마음과 사랑을 봉헌합니다. 당신의 평화와 사랑 안에서 오늘 밤도 편히 쉬게 도와주십시오. 오늘 하루 제게 일어났던 좋은 일과 나쁜 일 모두를 당신께 맡겨 드리며 감사드립니다.

사랑이신 주님, 저의 부족함과 잘못, 실수들, 고약한 마음 씀씀이, 배려할 줄 모르는 말투, 버릇없는 행동들, 오늘 하루 동안 가족들과 이웃들의 마음을 아프게 한 모든 것들을 당신 사랑으로 용서해 주십시오. 그리고 가족들과 이웃들의 상처를 치유해 주시며 지금처럼 앞으로도 저를 잘 이해해 주십시오.

　주님, 저는 오늘 제 일에 있어서도 열성이 부족했으며 게을렀습니다. 저 자신만을 생각하는 이기심을 버리고 이웃과 세상에 봉사하는 데 마음과 정성을 다하며 당신께서 삶의 모범으로 보여 주신 봉사와 희생을 저 또한 살 수 있도록 저를 바꾸어 주십시오.

　사랑이신 주님, 제 안에 존재하는 죄와 이기심이 제 자신과 가족, 이웃에게 입힌 상처들을 치유해 주십시오. 아울러 주님, 당신을 더욱 가까이에서 따르고자 하는 제 열망을 방해하는 모든 악의 세력들을 물리쳐 주시고 저를 지켜 주십시오. 당신 은총의 도우심과 함께 더 이상 사랑이신 주님과 가족, 이웃들에게 상처를 입히지 않는 날이 오기를 바라고 기도합니다. 저의 모든 부족함을 당신 앞에서 고백하고 인정하며 당신의 자비를 청합니다. 내일은 오늘보다 조금은 더 당신을 닮는 [본인의 이름이나 세례명]가(이) 되도록 힘쓰겠습니다. 주님, 저를 도와주십시오.

이 모든 기도 우리 주 예수 그리스도를 통하여 비나이다. 아멘.

(잠시 침묵의 시간을 가집니다. 주님께서 내 마음에 말씀을 하려 하십니다. 그분의 말씀에 귀 기울여 봅시다.)

주님의 기도, 성모송, 영광송을 천천히 뜻을 되새기며 바친다.

✛ 성부와 성자와 성령의 이름으로. 아멘.

## 저녁 기도 _ 일곱

+ 성부와 성자와 성령의 이름으로. 아멘.

하느님과 사람들을 위한 열정의 불이
저희 안에 타오르게 하소서.
예수님, 저희 안에 사시어 저희의 모든 능력이
당신으로 충만하게 하소서.

- 「바오로가족 기도서」에서

사랑이신 주님, 오늘 밤 잠을 자기 위해 눈을 감기 전에 저에게 일어났던 모든 일들을 당신께 봉헌하며 찬미와 감사를 드립니다. 주님, 오늘 하루의 수고로부터 저를 구해 주셔서 감사합니다. 오늘 밤 당신과 함께 평화를 누리도록 허락하시고 또한 내일도 기쁘게 살기 위해 필요한 힘을 얻을 수 있도록 휴식을 제게 허락해 주십시오.

사랑이신 주님, 제가 오늘 이루어 낸 일들과 착한 행동들은 당신의 이끄심과 도움이 없었다면 가능하지 않았습니다. 주님, 당신 앞에 저의 희망, 두려움, 나약함과 무력함을 모두 봉헌합니다.

가족들과 관계가 단절된 사람들, 친구들과 관계가 단절된 사람들, 버림받은 사람들, 멸시당하는 사람들, 길을 잃은 사람들, 지금도 약물이나 술 등의 중독성 물질에서 위로를 찾는 사람들을 당신 희망의 은총으로 도와주시고 그들이 삶의 고통을 희망과 항구함으로 이겨 낼 수 있게 도와주소서.

사랑이신 주님, 가장 힘든 시기를 보내는 사람들이 당신의 위로를 체험하게 하시고, 저 또한 이웃들의 고통에 민감하게 깨어 있을 수 있는 은총을 베풀어 주십시오. 가장 어려운 시기를 보내고 있는 이들을 어떻게 위로하며, 어떻게 그들의 짐을 나누어 질 수 있는지 제가 당신 지혜를 배우고, 그 배운 바를 실천할 수 있는 용기를 주십시오.

주님, 도움을 필요로 하는 사람들을 사랑할 수 있는 능력을 제게 주시어 당신 사랑 안에서 살고 숨 쉴 때 그 어떠한 어려움도 극복해 낼 수 있는 힘이 있다는 것을 저희가 깨닫게 하소서. 그리하여 당신 능력에 온전히 신뢰할 수 있도록 저희를 도와주소서.

이 모든 기도 우리 주 예수 그리스도를 통하여 비나이다. 아멘.

(잠시 침묵의 시간을 가집니다. 주님께서 내 마음에 말씀을 하려 하십니다. 그분의 말씀에 귀 기울여 봅시다.)

주님의 기도, 성모송, 영광송을 천천히 뜻을 되새기며 바친다.

✛ 성부와 성자와 성령의 이름으로. 아멘.

# 아침 기도 저녁 기도

글·사진 : 서영필
펴낸이 : 서영주
펴낸곳 : 성바오로
주소 : 서울특별시 강북구 오현로7길 20(미아동)
등록 : 7-93호 1992. 10. 6
교회인가 : 2007. 11. 21(서울대교구)
초판 발행일 : 2008. 7. 16
1판 12쇄 : 2024. 3. 20
SSP 821

취급처 : 성바오로보급소
전화 : 944--8300, 986--1361
팩스 : 986--1365
통신판매 : 945--2972
E-mail : bookclub@paolo.net
인터넷 서점 : www.paolo.kr

값 6,000원
ISBN 978-89-8015-656-6